JN126875

世界を駆けるフリーダム・ライディング

野外騎乗の楽しみ

田中雅文 著

メトロポリタンプレス

ウェールズ

まえがき

　乗馬の楽しみ方は様ざまです。整備された馬場の中で馬に乗る「障害飛越」「馬場馬術」「レイニング」など競技スポーツとして乗馬を楽しんでいらっしゃる方だけでなく、自然に親しむレクリエーションとして、野外での騎乗を楽しむ方も多くいらっしゃいます。緑の草原、白砂の海岸で風をきって走る爽快さは何物にも代えがたいものです。

　乗馬クラブなどの施設の外に出て、自然の中で馬に乗る野外騎乗は略して「外乗（がいじょう）」といいます。外乗はホーストレッキング、トレイルライディングなどともいわれます。

　身体は大きいけれども臆病な馬という動物に乗って安全に楽しく外乗を楽しむためにはライダーにはそれなりの知識、準備が必要です。

　この本はこれから乗馬を始めようという方から、すでにあちこちで外乗を楽しんでらっしゃる方まで、より楽しく安全に外乗を楽しむヒントを提供します。

田中雅文

《目次》

野外騎乗に魅せられて

自由な野外騎乗を目指して

　乗馬を始めた人に動機を聞くと、10人中9人が野山や海岸を自由に走りたいという。乗馬クラブの馬場の中でレッスンを受け、競技会に出たいという人は1割もいない。これは日本だけのことではない。私のこれまでの経験からいうと世界中どこでもそうだ。

　しかし日本では、なかなか自由に野外騎乗を楽しめない。単に国土が狭く、人がひしめき、道路は車に占領されてしまっているからだけではない。一般の日本人にそのような習慣がなくなってしまったからだ。

　私は趣味としての野外騎乗を50年近く続けてきた。28年前44歳の時、身体をこわし、仕事をセミリタイアしたのを機に、野外騎乗の同好会を作った。ウエスタンだ、ブリティッシュだと形にこだわらず、自由に馬に乗ろうと、会の名前はフリーダム・ライディング・クラブ（FRC）とした。freedom riding であって、free riding ではない。free ride は「ただ乗り」という意味だ。

　本当は日本国内で乗れればよかったのだが、国内には自由に野外騎乗を楽しめる場所が少ないため、活動の場は海外が中心となった。これまで700人を超えるメンバーと共に世界各地で馬に乗ってきた。

　当初は自然の中で動物と共に過ごし、癒されることが目的だった。FRCの活動は自分に課した「ホースセラピー」で、2、3年やってやめようと思っていたのだが、いつの間にか30年近くも続いてしまった。それは自分自身健康を取り戻し、仲間も増えたからであり、また単なる野外騎乗だけではなく、エンデュランスやTRECという新しい馬スポーツにものめりこみ、その普及活動に熱心になったからでもある。

　日本では、今後も、自由に気軽に野外騎乗を楽しめるようになるのは無理

八ヶ岳南麓の防火帯

なのだろうか？

　いやできる。心ある者たちが、仲間を増やし、適した馬を増やし、場所を増やす努力を地道に続けていけば。馬のいる暮らし、馬とともにある生活を目指す者たちが、そのための明確な意思を社会に示し、健全な圧力団体となってロビー活動ができるくらいになれば。

　FRC では新型コロナ禍を機に、国内での活動にも以前より力を入れ始めた。国内各地での外乗会、騎乗講習会を毎月のように開催している。さらには以前はあまり注目していなかった日本在来馬の魅力にも注目し、和種系馬を利用した合宿・騎乗会を各地で開催している。

若き日の小淵沢での初外乗

　八ヶ岳南麓の高原の町、小淵沢（山梨県北杜市）は私の乗馬人生がスタートした場所である。その初体験は、外乗でのフルギャロップという当時も今もあまりありえないものだった。

　1973 年（昭和48）、もう 50 年近く前のことだ。フリーランスで英語教師や通訳・翻訳の仕事をしていた頃で、アメリカ人のガールフレンドがいた。

　彼女は幼少から乗馬に親しみ、来日後、乗馬ができる場所を探していた。私はそれまで伊香保温泉の引馬に乗った程度だった。

　「何で日本では馬に乗れないの？」と尋ねられても、どこに連れて行けばいいのかさっぱり分からない。そんなある日、知り合いで乗馬を趣味にする人が我々を小淵沢に案内してくれた。「ユーカリ牧場」という所だった。

　当時の小淵沢には、今のような別荘はほとんどなく、八ヶ岳南麓の広大な森と草地が広がっていた。山梨県馬術競技場もまだなく、乗馬施設といえば

他に仲澤政雄先生の「小淵沢乗馬学校」があった程度だった。

　出迎えてくれたユーカリ牧場の牧童頭のガイドは、茶目っ気がありサービス精神の旺盛な人だった。金髪のアメリカ美人の馬乗りが来た。一緒に来た日本人ボーイフレンドは馬に乗ったことがない。からかってやろう、と思ったのだろう。「お前、身体は丈夫か？」と聞かれたと思う。「馬乗ったことないけど、柔道やってて受身ができる」と答えたはずだ。

　手綱の持ち方を教えてくれた程度で、そのガイドは「よしついてこい」というや、八ヶ岳南麓の防火帯に我々を案内し、いきなり山に向かって馬を全速力で走らせ始めた。我々が乗った馬はその後を追う。

　風を切る爽快感、「スグーっ」と私は叫んでいた。

　自分で馬を動かすことは、それまでやったことがないのだからまったくできない。ただアブミに立って、前傾姿勢を保ち、鞍につかまっていただけだった。馬は前の馬が走るから走った。止まったから止まった。それだけ。

　しかし当時の私には乗馬の知識はまったくないから、「いきなり馬で走れるなんて、なんて俺はすごいんだ！」と勘違いした。その勘違いから外乗人生が始まり、今日に至っている。

　馬はギャロップになると上下動がなくなるから、ゆっくりしたキャンターよりも、速歩よりもむしろ楽なのだ。要るのは度胸だけ。

　「本格的な騎乗訓練を受けなくても乗馬は自由に楽しめるべき。それも狭い日本の、さらに狭い乗馬クラブの柵の中だけではなく、世界各地の野山を自由に駆け回ろう！」
というフリーダム・ライディングのアイディアが芽生えた時だった。

　私にとって恩人ともいうべきユーカリ牧場のガイドは、田中茂光という人だった。彼は後に独立して小淵沢で「ラングラーランチ」という乗馬クラブ

を開いた。日本のウエスタン乗馬の黎明期に「ボス」として君臨し、小淵沢に野外騎乗文化を根付かせるとともに、NHK 大河ドラマや映画などで活躍する馬を多数育てた。惜しくも早世されたが、今はご子息の光法さんが立派に跡を継いでいる。

　現在小淵沢周辺には 10 か所ほどの乗馬施設がある。全くの乗馬初心者から本格的競技志向のライダーまで対応が可能だ。東京から電車でも車でも 2 時間程度でアクセスできる。

　まだの方は一度訪れてみよう。

第1章

馬ってどんな動物？

　外乗り同好会 FRC の活動として、国内外での外乗ツアーの実施とともに、各種講習会を永年開催してきた。講習では騎乗技術の習得だけではなく、座学とライダーの体力作りも重視している。騎乗に来られた方に馬学的知識をできるかぎり持ってもらえるよう工夫をし、また馬に乗るために必要なライダーの体作りのヒントを提供するようにしている。

　外乗は、借りた馬でガイドの後についていくだけだから、馬についての面倒臭い勉強や体つくりなどいらないという方も時にはいらっしゃるようだ。しかし、より安全により楽しく外乗を楽しみたいという方、自分と馬だけで長時間野外を走るエンデュランスなどの野外競技をいずれやってみたいという方は、本書できっと何かのヒントをつかんでいただけると思う。

　安全に外乗を楽しむためには、馬という動物はどういう動物なのか、その行動様式を理解することが何より大切だ。馬について改めて考えるところから始めよう。

　馬がどういう動物かを語るときに良く使われる言葉がある。

　　1．Prey Animal
　　2．Herd Animal
　　3．Flee Animal

いきなり英語クイズかよ、とおっしゃる方もいらっしゃるだろう。

　実はこれらは馬の本質を語る大切な言葉なのだ。特殊な専門用語ではなく、英語国民ならだれでも知っている普通の言葉だ。

　それでは一つずつみていこう。

1. Prey Animal　カタカナにするとプレイアニマル

　プレイは遊ぶだから「遊ぶ動物」と思われた方、それは Prey ではなく、Play です。プレイは「お祈り」だと思った方、それは Pray です。

正解：Prey は（肉食獣などの）餌食、獲物。Prey Animal は被捕食動物。
　ライオンやトラなどの捕食動物（predator プレデター）の餌になる動物という意味。馬は捕食動物である人間とは考え方、行動様式が違う。体は大きいけれどとにかく臆病な動物なのだ。
　アメリカのカウボーイのことわざを一つご紹介しよう。

There are only two things horses are afraid of, things that move, and things that don't move.
　「馬が怖がるものは二つしかない。一つは動くもの、もう一つは動かないもの」

　普段通りなれた道でも、大きな葉っぱが裏がえり、見える色がふだんと違っただけで、馬は横っとびしたりする。風の強い日にビニール袋が飛んできたり、お店の旗がひらめいたりしている時は要注意だ。
　引馬で馬がなにかの理由で歩くのをためらった時、馬の正面に立って馬の顔を見つめ「おいでおいで」と焦ってリードを引っ張っても馬がなかなか歩かないことがないだろうか？　その時は馬の正面に立って引っ張るのではなく、横に立って馬と同じ方向を見、ゆっくりと歩き始めよう。馬はまた歩き始めるはずだ。

　これはなぜでしょう。

　人間の二つの目は顔の前についている。トラやライオンなどの肉食動物は
みなそうだ。二つの目で距離を測定し、獲物にとびかかるためだ。草食動
物である馬の目は顔の横についている。そのため対象物との距離の測定はあ
まり得意ではないが、350度が見渡せる。目の前の地面の草を食べながら、
同時に斜め後ろ100mにいるトラやライオンの動きを観察し、いつでも逃
げられるようにしている。顔の前についた二つの目でじっと見つめられると
馬は本能的に警戒するのだ。

馬の目は350度。広範囲を見渡すことができる。

2. Herd Animal　カタカナにするとハードアニマルです

「頑固な動物」ですって？　それは Hard で Herd ではありません。

正解：Herd は「群れ」という意味、Herd Animal は「群れの動物」。
　草食の被捕食動物である馬は、自然の状態では群れで生活している。ライオンなどの捕食動物から身を守るためであり。彼らは一頭だけになることを好まない。精神的に安定するためには仲間がいることが必要なのだ。馬のこの特質を知らないと外乗では危険なことがある。
　日本の競走馬が海外の大きなレースに出場するとき、仲の良い馬もいっしょに連れていくことがある。その経費はかなり大きなものだが、出走する馬を精神的に安定させるためなのだ。
　馬は人間とは違い「群れの動物」であることを忘れてはいけない。

例）道路を渡るときの事故
　ガイドに 4 頭の馬がついて一列になり、車の通る道を横断しようとしていた。
　最初の 3 頭が道路を渡ったところで、車が来たので、4 番目のライダーは馬を止め、車を先に通らせようとした。仲間と離れた 4 番目の馬は慌てて前の馬を追いかけて飛び出した。車が急停止したため馬と車は接触しただけだったが大変危険な状態だった。
　このような時は、車を先に通り過ぎさせるか、止まって待ってもらい、5 頭が一斉に道を渡らなければならない。馬が「群れの動物」であることと、

馬は人間とは違い「群れの動物」であることを忘れてはいけない。

その行動様式を理解していれば防げた事故であり、ガイドにもその認識が欠けていたのだ。

不幸にも起きた死亡事故

　外乗施設ではかならずしも騎乗レベルが同程度の人だけで外乗に行けるとはかぎらない。ある乗馬センターで中年の飛ばし屋の男性とあまり騎乗経験のない高校生の女の子がお客としてガイドについて一緒に外乗に行くことになった。

　このような時、通常ガイドは安全のため、ペースを経験の少ないお客のほうに合わせる。当然常歩が中心になる。

　1時間ほどの外乗が終盤にさしかかり、すぐ先の角を曲がれば乗馬センターというところまで来た時だ。それまでのペースにイライラしていたのだろう、中年の男性が「もうすぐゴールだから、俺は先に行くぞ」といってガイドの許可も得ずいきなり駈歩で走り始めた。高校生の女の子の馬はつられて走り出した。減速せずに曲がり角に突っ込んだ馬はアスファルトの道で足を滑らせて転倒、騎乗していた女の子は地面に頭を打ち付け不幸にも死亡してしまった。

　馬が群れの動物であることと、それによる行動様式を理解していれば防げたかもしれない事故だった。

3.　Flee Animal　カタカナにするとフリーアニマルです

　「自由な動物」ですって？　それは Free Animal です。Flee じゃないか？ Flea はノミ、ちなみに Flea Market はノミの市です。

正解：flee は「逃げる」という意味。

　馬は何かに驚くと、慌てて走って逃げようとする。柵につながれている時には、柵を壊し引きずってでも逃げようとする。

　まず走って逃げ、しばらく行ってからフーッとため息をついて振り返り、今自分を怖がらせたものは何だったのかをそれから考える。

　犬や猫は、何か危険と思われるものが近づいてきてもいきなり走っては逃げない。相手を観察し、間合いを図り、これより近づかれたら危ないと判断すると逃げる。馬は体が大きくても鋭い牙も爪もない。肉食動物と戦う武器を持たないのだ。馬のとにかくまず逃げるという行動は prey animal の本能なのだ。

第 2 章

外乗で乗馬が上達？

あなたは自動車の運転をどこで習っただろうか？

自動車教習所でという方が多いと思う。それが日本の常識ですよね。

海外では日本のようなコースを持った自動車教習所というのはあまりない。最初から道路で、家族や友人の車を使い、横に運転できる人に乗ってもらって練習するのが一般的だ。

乗馬も同じだ。私は世界各地に馬乗りの友人知人がいるが、自動車教習所のように整備された馬場の中で馬を練習したという人はむしろ少数派である。

もしあなたの乗馬を始めたきっかけが、「野山を自由に駆け回りたい」ということであり、馬場馬術や障害飛越といった馬場の中で行う競技を目指すのでなければ、馬場内でレッスンを受けるだけでなく積極的に外乗に行きましょう。外乗はレジャーとして楽しむもので、乗馬の上達を目指すためのものではないと思われる方もいらっしゃるかもしれない。しかし外乗はやり方によっては乗馬上達の良い方法なのだ。

タスマニアでの体験

フリーダム・ライディング・クラブ（FRC）は海外乗馬ツアーの同好会としてスタートした。世界各地へ出かけるが、人気の場所の一つがオーストラリアの宝島、タスマニアだ。タスマニアツアーはもう28年も続いている。ブッシュライド、山のぼり、ビーチライドと大自然の中で多様な乗馬が楽しめる。

ツアーを始めた頃のある年、数回しか馬に乗ったことがないという初心者の青年と、JRAの高名な馬術家の先生がいっしょに参加されたことがある。この先生はある大学馬術部の監督を永年務めていらっしゃった。

　ツアースタート時、馬術家の先生は「なんで俺があんな初心者の若造と一緒に乗らなきゃいけないのだ」と不満気だった。

　この時は 4 日間連続で午前午後と馬に乗った。初心者の若者は、最初こそ危なっかしかったのだが、森の中で樹々のスラロームを通ったり、倒木をジャンプしたり、急な登り下りをこなしたりしているうちに結構乗れるようになり、最終日には皆と一緒に浜辺のギャロップまで楽しんだ。

　馬術家の先生はしみじみと言った。

　「ここ（タスマニア）での 1 週間は、大学馬術部の 1 年間を上回る・・・」

　私自身も乗馬は外乗からスタートした。実は FRC を始めた当時は、馬場の中でまともなレッスンを受けたことがないことに何がしかのコンプレックスをもっていたのだが、このタスマニアでの一件がきっかけで自分の乗馬スタイルに少々自信をもつことができるようになった。

　ちなみにタスマニアは私の乗馬人生に大きな影響を与えた場所だ。

　エンデュランスに初めて出会った場所であり、ナチュラルホースマンシップやグラウンドワークの勉強もタスマニアだ。そして裸蹄、ハミなし、裸馬騎乗など日本では "非常識" とされるかもしれないことなどなど。

外乗の楽しみ方

　日本の馬術界には外乗やホーストレッキングを一段低いものとみなす気風もあるようだ。馬は群れの動物だ。前の馬が歩けば歩いてついていく、止まれば止まる。馬のこの性質を応用するなら、確かに自分で馬をコントロールできない初心者でもガイドについて外乗を楽しむことができる。

　日本では多くの場合そうだが、自分の馬を持って自由に外乗を楽しむので

広々としたタスマニアの海岸での外乗。

タスマニアの森の中で、障害物を避けながらの外乗。
騎乗技術向上の良い練習になる。

なければ、乗馬施設の馬を借り、ガイドについて出かけることになる。通常、コースはもとよりペース配分もガイドが決め、お客としてついていくあなたは中々自由な騎乗ができないものだ。外乗で乗馬が上達するのか？　と思われるかもしれない。しかし、外乗を楽しみながらいつの間にか乗馬が上達する方法はあるのだ。

外乗に備えてまず馬場でやってみよう

▼裸馬に乗る

裸馬騎乗は馬の動きを感じ、バランス感覚を養う最高の練習法だ。究極の「アブミ上げ」練習といえる。アブミがないのだから。

裸馬はまず馬場の中で練習し、慣れてきたら外乗にも行こう。完全な裸馬ではなく、裸馬騎乗用のパッドや軽乗鞍を利用すると安心感が高まる。

▼手放しで乗る

手綱から手を放してみよう。まず片手ずつ、大丈夫なら両手を放す。常歩、速歩でやってみて大丈夫そうなら駈歩でも。これは手綱にたよらない独立した騎座を作る良い練習だ。

▼目をつぶってみる

馬の動きをよりよく感じるために、時々目をつぶってみよう。常歩、速歩、駈歩でやってみよう。馬の動きが感じられるようになれば乗馬は上達する。人間の感覚はその圧倒的な割合を視覚にたよっている。視覚を封印するとその他の感覚が活発になる。バランス感覚もその一つだ。

以上の方法で自信がついたらどんどん外乗に出かよう。

できれば単にフラットなコースだけでなく、アップダウンがあり、森の中のスラロームなど多様な地形の中で乗れる場所に連れていってくれる乗馬施設を探そう。

また、利用している馬が外乗用に馴致訓練された安全な馬であること、自分の体格にあった馬がいるかも確認しよう。

同行者と話をする、歌を歌う

外乗中はだまってガイドの後ろに一列でついていくだけでなく、ときには馬を並べて楽しく会話をしたり、歌を歌ったりしてみよう。

これは息を詰めず、自然な呼吸を続けるためだ。会話をしたり歌を歌ったりは息を詰めていてはできないから。ライダーが緊張すると呼吸は浅く、つまりがちになる。

この微細な変化に馬は反応し緊張する。緊張すると自然な動きができなくなり物見もしやすくなる。

馬をひきながら、あるいは乗りながら歌う馬子唄は世界各地にある。ゆったりとしたリズム、音調の曲が多い。馬をリラックスさせる先人の知恵といえるだろう。

まわりの景色を見まわす

外乗中、緊張のあまり景色を見るゆとりがなく、どこをどう通ったのかわ

ガイドについてだまって一列で進むのではなく、時には同行者と楽しく語り合おう。
スペイン・アンダルシアで。

からなかったという方がいる。

　ライダーが緊張すると視線は固定される。この緊張はすぐ馬に伝わる。馬上であえてきょろきょろ周りを見回したり、後ろの馬を振り向いたりしてみよう。センタード・ライディング（注 =p26）でいうソフトアイ、自然な広い視野をもつ練習だ。

安全なことと楽しいこと

　私は乗馬における本当に大事なルールは二つしかないと思っている。
　「安全なこと」と「楽しいこと」
　これはレクリエーションとしての外乗だけでなく、競技馬術にも当てはまると思う。私は、馬術競技会はエンデュランスにしか出たことがないが、馬場、障害、総合馬術など FEI（国際馬術連盟）が公認する 7 種目の競技、その他の数多くの馬を使ったスポーツすべてに当てはまるのではないだろうか。

「安全」について

　乗馬はリスクを伴うスポーツだ。特に外乗には馬場内での騎乗とはまた別なリスクがある。ライダーはヘルメットやボディプロテクターで自身の身を守るだけでなく、安全確保のため、馬という動物の行動様式を理解することが大切だ。馬の行動様式については第 1 章「馬ってどんな動物？」を参照いただきたい。

　またライダーは体力作りにもつとめよう。
　「柔軟で強靭な体を持たない人は馬に乗るべきではない」
　名著「馬と踊ろう」の著者クラウス・ヘンプフリンクの有名な言葉だ。

「楽しい」ということについて

　馬術は馬という動物と一緒に行う唯一のスポーツだ。

　他のスポーツでは、楽しくなくても、少々安全を考えなくても勝つために競技を行うことがあるだろう。

　しかし乗馬、馬術は繊細な感情を持った馬と共に行うスポーツだ。

　乗り手が、歯を食いしばり苦しみながら騎乗していては、馬も自然に動かない。

　「楽しい」と思う感情、それに伴ったライダーの無理のない動きは馬に伝わり、パフォーマンスも向上するものだ。

（注）

━━ センタード・ライディング ━━

　故サリー・スウィフト女史（1913-2009）によって考案された騎乗法・指導法。太極拳をはじめとする武道やアレクサンダーテクニークといったボディワーク、スポーツ心理学の要素が多く含まれ、馬と上手にコミュニケーションをとるためにライダーは自身の身体をどうしたらよいかのヒントが多く含まれている。

第3章

上馬 (mount)、下馬 (dismount)

上馬と下馬

　外乗を安全に楽しむためには、馬上にあがる「上馬<ruby>上馬<rt>じょうば</rt></ruby>」と馬から降りる「下<ruby>馬<rt>げ</rt></ruby>馬」が大切だ。

　地上から馬の背中に上がって座ることを日本語では「乗馬」と言う。riding を表す言葉を mounting にも使っているが、これは不便なことだ。

　全国乗馬倶楽部振興協会の乗馬技能認定審査の5級では認定基準の第一番目に「乗馬、下馬ができる」とある。この「乗馬」はもちろん mounting が1人でできるということを意味している。自由に馬を乗りこなせる riding ができるという意味ではない。

　乗馬・馬術用語は欧米の用語を明治以降に翻訳したものが多いため、難解なもの、翻訳し損ねた物が今でもたくさんある。

　mounting を表す日本語に「じょうば」以外にちょうど良いものがないなら、せめて漢字表記だけでも「上馬」にしたらどうだろう。というわけで本書では「上馬」を用いる。

　ちなみに中国語では馬上に上がることは「上馬（シャンマー）」、降りることは「下馬（シャーマー）」という。「乗馬」は「騎馬（チーマー）」だ。日本語より分かりやすい。

　前置きが長くなったが、本題に入ろう。

　長時間の外乗では、トレイル上で上馬、下馬をすることが良くある。休憩、

27

馬装を直す、ボロの片づけ、急な登り坂下り坂で馬の引馬をするため、疲れた馬の負担を少なくするため。あるいは何らかの危険が迫り、急いで飛び降りるとき。

　私はかつてよくエンデュランス大会に選手として出場していた。世界最高峰といわれるテヴィスカップ（注＝p35）に出ていたときには、競技中数少なくとも20回は上馬、下馬していた。そのたびに上馬に苦労していては競技どころではないので、上馬はあとで述べる下馬と共にかなり練習した。

　踏み台がなくても、誰かが馬を押さえていてくれなくても、さっと上馬ができなければならないからだ。それも左右どちらからでも。

踏み台（mounting block）になるものを探そう

　皆さんは乗馬クラブでレッスンを受けるときや外乗に出発するとき、上馬のために何らかの踏み台を使うことが多いと思う。これは馬や馬具に負担をかけない良い方法だ。

　しかし、外乗に出かけると踏み台がないのが普通だ。

　踏み台がなくても地面から上馬できるように練習しておくことが必要だ。

　練習してもなかなかできないとすると、それはあなたの体格に比べて馬が大き過ぎるのだ。安全のためにも自分の体格にあった馬に乗ろう。踏み台がなくても地面から自由に乗り降りできるサイズの馬だ。

　外乗時に上馬するのに、何も平らな地面から苦労して馬上に上がろうとすることはない。木の切り株、大きな石など踏み台になるものを探そう。何もなければ斜面を利用しよう。馬を低い方に立たせるのだ。

Competitive Trail 競技での「上馬」。ライダーは右から乗るように指示され、
踏み台になるものを適切に利用しているか、スムーズに乗れるかを審査される。

馬には右側からも乗ろう

　世界的に馬には左側から上馬・下馬するのが一般的だが、馬には左右どちらからでも上馬・下馬できるように練習しよう。

　左腰に刀を差した日本の侍は、刀が邪魔にならないよう、右側から上馬・下馬していた。右側からの乗り降りは、ライダーだけでなく馬も訓練が必要だ。人を右側から乗せたことのない馬は、人が右側にたってアブミに足をかけただけで驚いて暴走したりすることもありえる。

脚上げ（leg up、lift）

　踏み台がない時、誰かに脚を上げてもらう乗り方だ。
ライダーは左脚を90度にまげ、両手で鞍の前橋と後橋をつかむ。右足で地面を蹴って飛び上がるのに合わせ、両手で体を上に引き上げる。このタイミングに合わせて、補助者がライダーの左脚を上に持ちあげる。

　2~3度練習してコツをつかめば、誰でもできるようになる。ライダーと補助者で「イチ、ニー、サン」と声を合わせて練習することが多いようだが、この方法は意外とタイミングが合わないものだ。

　むしろ、何も声を出さず、補助者はだまってライダーに意識を集中する。ライダーが右足で地面を蹴って体が上に上がり始めたら、そのタイミングに合わせてライダーの左脚を上に持ち上げれば良いのだ。

　フィギュアスケート、アイスダンスのリフトと同じだ。タイミングが合いさえすれば男性スケーターは女性を片手で空中に放り上げることもできる。

　外乗でこの方法を用いるときは、持ち上げる側の人は自分で上馬しなけれ

脚上げ（leg up, lift）

①左脚を後ろに 90 度に曲げ、補助者にスネの部分を両手で支えてもらう。

②勢いをつけて右足で地面を蹴るとともに、両腕の力で体を引き上げる。
補助者はそのタイミングに合わせて、ライダーの左脚を押し上げる。

③十分な高さになったら、ライダーは右脚を馬の尻越しにまわす。
馬の尻を蹴らないように注意。

④静かに馬上に座る。

下馬（げば）

①脚を後ろに振って勢いをつける。

②脚をまわしてすばやく下りる。馬の尻を蹴らないように注意。

③静かに着地。馬の体に近づきすぎないように注意。

ばならないのはもちろんだ。

下馬する（dismount）

　外乗中には何らかの理由で馬からさっと飛び降りなければならないことが
ありえる。馬がバタつき危険になった、湿地帯にはまった、崖から落ちそう
になった、肢を滑らし転びそうになった、などなど。
　皆さんが乗馬クラブなどで習った下馬の手順は次のようなものではないだ

右への飛び下り。

ろうか？

1　右のアブミを脱ぐ
2　右脚を馬の尻越しに馬体の左に回し背中に腹ばいになって体重を支える
3　左のアブミを脱ぐ
4　両足をそろえて飛び降りる

　「イチ、ニー、サン、シ」と4段階のプロセスですね。もし2と3を同時に行ったとしても3段階。これでは急いで下馬しなければならない時には間に合わない。
　では、どうするか？
　まず両方のアブミを同時に脱ぐ。あるいは前方に危険を察知した段階で予め脱いでおく。
　鞍の前橋（ぜんきょう）で体重を支えながら両足を思い切ってスイングして後ろに跳ね上げ、馬体の左右どちらか安全な方に飛び降りる。
　「イチ、ニー、サン」ではなく「イチ」でこの動作を全部行う。
　コツは両脚を後ろに振り上げる際に上体を思い切って前に倒すこと。足が馬の尻に触らずに降りやすくなる。
　もう一つ大切なことは、できるだけ馬体から離れた場所に飛び降りること。馬体すれすれに飛び降りると、倒れこんできた馬体の下敷きになったり、足を踏まれたりすることがありうる。
　「上馬」は少々手間取っても、誰かに手伝ってもらっても実害はないが、咄嗟の場合の「下馬」は待ったなしの真剣勝負なのだ。
　馬上で馬を操る技術以前に「上馬」「下馬」がスムーズに楽にできるよう

に練習しよう。

Stand Still! （じっと立っていなさい！）

　安全に上馬、下馬するには、馬が大人しく立っていなければならない。馬は人が指示すれば、動かず、いつまででもじっと立っているのが理想だ。

　野外騎乗の審査競技である TREC や Competitive Trail には、上馬、下馬に加え、馬がじっと立っていられるかの審査も競技の一部として含まれる。5 章で詳しく触れる。

（注）

── **テヴィスカップ** ──

　アメリカ・カリフォルニアで 1955 年に始まった世界で最初の 160㎞エンデュランス。シエラネバダ山中からゴールドラッシュの町オーバーンまでの西部開拓のルートをたどる。コースの過酷さと美しさで知られる。正式名称：Western States Trail Ride。
エンデュランスについては第 12 章参照。

第4章

引き馬 (leading)

　引き馬は、単に馬を引っ張ってA地点からB地点に移動させることではない。

馬との良好な関係を作り、安全に外乗を楽しむための引き馬について解説しよう。

　みなさんはどのような時に引き馬をするだろうか？

　乗馬クラブでレッスンを受けている方は、馬房から繋ぎ場へ、繋ぎ場から馬場へ馬を連れて行く時だろうか。やり方としては、馬の左側に立ち、馬がばたついても大丈夫なように、引き綱や手綱を短く持ち馬を引いて移動させる。何ら特別なことではないだろう。

　外乗においては、単にガイドの後を騎乗して短時間ついていくのではなく、野外の不整地で馬をコントロールしながら長時間馬と共に移動するような場合、引き馬はとても大切だ。TREC（注=p44）やエンデュランスといった外乗の競技ではいうまでもない。また本格的な馬術競技会に出始めるようになると、インスペクションで歩様検査を受けるためにも引き馬の技術は重要だ。

TREC で引き馬の課題が増えている

　野外騎乗の技術を競うTRECはヨーロッパを中心にブレーク中で、日本でも2010年から競技が始まった。

　TRECは乗馬でのオリエンテーリングなど3つのフェーズ（部門）に分かれた採点競技で、合計ポイントを競う。その中の一つ、クロスカントリー障害物競技の課題に、近年引き馬が増えている。

　TRECの競技統括団体FITA（Fédération Internationale de Tourism Equestre　国際観光乗馬連盟）のルールブック（International TREC Regulationsで検索）では、

フェーズ 3 のクロスカントリー障害物競技に 36 課題（excercises）が定められている。競技主催者はその中からいくつかを選んで競技を実施する。

　公式競技は 16 課題で行うが、36 課題のうち何と 11 課題もが引き馬で行うものだ。

　TREC を私が日本へ紹介しはじめた 15 年前、引き馬で行う競技はわずか 2 課題だけ、「引馬での坂上がり Leading up an incline」「引き馬での坂下り Leading down an incline」だけだった。それが年々増えてきて、現在では下記のようになっている。

1. In-hand corridor　　　　　　通路
2. In-hand drop　　　　　　　　ステップダウン
3. In-hand step-up　　　　　　　ステップアップ
4. In-hand staircase down　　　　階段下り
5. In-hand staircase up　　　　　階段上がり
6. In-hand ditch　　　　　　　　ギャップ越え
7. In-hand S-bend test　　　　　　S 字クランク
8. In-hand footbridge　　　　　　橋渡り
9. Leading up an incline　　　　　坂上がり
10. Leading down an incline　　　坂下り
11. Tree trunk in-hand　　　　　倒木越え

これは何を意味するのだろうか？
　外乗に必要な技術として、それだけ引き馬が重要視されているということに他ならないのだ。

採点基準を「引き馬での坂上がり」を例にとってみよう。

ルールブックには下記のように記されている。

- **必要な場所**
  - ・馬を安全に一定のペースで引いて上がれるスムーズな坂
  - ・傾斜は 25 度以上 45 度まで
  - ・長さは最低 10 m
  - ・通路（マークの有無は問わない）の幅は 2 m から 4 m
- **目的**

  馬の落ち着きと従順さと意欲、および引き馬で馬を適切にコントロールするライダーの技量をみる。
- **技量**

  避けるべきミス—前進をためらう、拒否する、放馬する、手綱・引き綱が地面に触れる、走り出す、通路外へはみ出す、馬が人間につっかかる。
- **スタイル**

  手綱や引き綱をピンと張ることなく、馬が落ち着いて、従順に意欲を持ってついてくること。

これでわかるように、馬はおとなしく人の後ろをついてこなければならない。横や前に出てはだめ。引き綱がピンと張って馬を引っ張るのは減点の対象になる。馬が自分でついて来るかが大切なのだ。

引き馬の練習

　最初は馬場内で練習し、上手くできるようになったら屋外の不整地で行おう。以下のことを意識して行うとよい。

- 馬の左に立ち、引いて歩く。引き綱の長さは 60㎝以上。ピンと張らずにたるんでいること。馬が自由に首を動かせる長さが必要だ。
- 人が歩けば馬も歩く、人が止まれば馬も止まる。
- ハンドラー（リーダー）であるあなたに馬の意識を集中させる。決してあなたより前に馬を出してはならない。馬があなたより前に出て、あなたを引っ張ると、馬の方がリーダーになってしまう。馬が、前に出るのを制するために長鞭やスティックを使ってもよい。
- ペースを変える—ハンドラーが歩くペースを変えてみる。下を向いて、ゆっくりトボトボと歩く。馬もトボトボと元気なくついて来るだろうか。次第に元気よく歩く、ハンドラーは胸を張り、大股で堂々と歩く。馬も元気よりしっかり踏み込んでついてくるように訓練する。
- ハンドラーが走り、馬に速歩でついてこさせる。速歩に切り替えるときも引き綱はたるんでいること。引き綱をガツンと引っ張って馬に合図をするのでなく、あくまでも馬があなたのペースに合わせて自分から速歩に切り替えることが大切。
- 右側からもできるように—同じ事を、馬の右側に立ち、左手で引き綱を持ってやってみる。
- 後ろについてこさせる—ハンドラーは引き綱を後ろ手に持って歩き、馬

引き綱はピンと張らずにたるんでいること。「引く、引きずる」（pull、drag）ではなく、導き、一緒に移動（lead）すること。

引き馬で急坂を駆け下るライダー。馬はライダーにペースを合わせて走っている。

　に後ろをついてこさせる。引き綱の長さは 1 m 以上、この時も引き綱はたるんでいること。屋外の狭いトレイルを通らなければならない時の予備練習。

・以上を野外の不整地で行う―道幅が有る所では、横から引く。狭いトレイルでは後ろについてこさせる。
・坂の上がり、下りを行う。

引き馬をきちんとできないうちは 1 人で外乗に行かない方がよいだろう。

エンデュランス競技に出るなど論外だ。自身の安全と周りに迷惑をかけないためだ。

　乗馬クラブではなかなか引き馬の練習に時間をかけないかもしれないが、引き馬はグラウンドワークの基本であり、人馬の信頼関係を築くために非常に大切だ。一生懸命練習しよう。

引く (pull、drag) ではなく、導き一緒に移動する (lead)

　引き馬は英語で lead a horse という。日本語とニュアンスが違う。上述した TREC のルールで分かるように、「引き馬」において大切なことは、馬を文字通り「引く、引きずる」(pull、drag) ではなく、導き、一緒に移動 (lead) することなのだ。

　馬を引くロープのことを日本語では、「引き綱」「引き手」というが、英語は lead rope という。馬に対してライダーは、引っ張る boss ではなく、導く leader になることが大切だ。

ライダーの視線

　引き馬で馬が大人しくついてこないとき、あなたはどうするだろうか？振り向いて正面から馬の目を見つめ、ロープを強く引こうとしていないだろうか？

　馬は正面から見つめられるのが苦手だ。いくらあなたが愛情に満ち溢れた視線でじっと愛馬の目を見つめても馬はそれを感じず、後ずさりすることがある。それは何故だろう？

　馬の目は他の多くの草食動物同様左右に離れてついている。これは広い範囲を見渡すためだ。馬の視界は真後ろを除き、ほぼ 350 度をカバーする。目の前の草を食べながら同時に斜め後方のライオンを警戒したりすることができるの。その代わり彼らは目の前にある物までの距離を測定するのが苦手だ（本書第 1 章 13 頁写真参照）。

　我々人間の目は他の肉食動物同様正面に並んでついている。二つの目で獲物までの距離を正確に測定し、飛びかかることができる。そのかわり視界は 180 度程度にとどまる。馬にとって正面から二つの目でじっと見つめられるのは、獲物を狙う肉食動物に見すくめられるような気持ちになるのだ。

　馬についてきてもらいたければ、行きたい方向を見つめよう。馬と一緒に。私の好きなアントワーヌ・ド・サン＝テグジュペリの言葉を紹介しよう。

　「愛とは、お互いを見つめ合うことではなく、ともに同じ方向を見つめること」

馬は背中に乗るだけの人より、引き馬でお散歩に連れていってくれて、草を食べさせてくれる人によりなつく。

　引き馬の楽しみを覚えると、馬との付き合いがまた一段と深いものになるだろう。

（注）

TREC

　世界各地で行われている様々なタイプの Competitive Trail Riding（CTR）の一つで、現在ヨーロッパを中心に世界中で急成長している。

　この競技名はフランス語の Technique de Randonnée Equestre de Compétition（T.R.E.C）から来ている。直訳すると「野外騎乗の技術競技」。

　もともとは、フランスで馬を使ったトレールガイドの資格試験として行われていたものが Le TREC という競技として発展したものだ。

　とくに英国では権威ある BHS（British Horse Society 英国馬事協会）が BHS TREC を開発し、統括団体として普及に力をいれたこともあり急成長、毎週末どこかで大会が開かれるほどになっている。

検索："TREC horse" で。単に "TREC" ではオートバイや自転車その他が出てくる。

第5章

Stand Still! (じっと立っていろ)

　馬に乗るとつい、いかに走らせるかということに一生懸命になりがちだ。しかし、同じ場所でじっとさせていることも、重要なテクニックのひとつである。

　加えて、普段あたりまえのように使っているハミ。これはどんなシーンでもどんなレベルのライダーにも本当に必要なものか、考えてみよう。

馬を静止できなかったら、歴史は変わっていた *!?*

繋がなくてもじっとさせる。これは基本のキ

　1人で外乗に出かけたとき、何らかの理由で馬を下りてその場を離れなければならないことがあったとする。あなたの馬はどこかに繋がなくても、その場を離れずじっとしているだろうか？

　馬のしつけという点では、じっと立っていられるかどうかは基本中の基本だ。

　ライダーが下馬して手綱を放すやいなや、馬がすぐどこかに行ってしまったら大変だ。たとえば中世の戦場。乗り手が落馬したとき、あるいは下馬して武器を手に敵と戦おうというとき、馬がアッという間に走り去っていたら、馬は人間のパートナーとして、歴史を作ることができたとは思えない。

　カウボーイの場合はどうだろう。カウボーイは馬で牧場を巡回し、壊れている柵があれば下馬して直す、子牛に焼き印を付けるといった作業のたびに上馬、下馬を繰り返す。しかし、毎回馬をどこかに繋げるとは限らない。ライダーのそばを離れず、一定時間じっと立っていられる馬でないと、仕事には使えないのだ。

　仕事ではなく趣味で乗馬を楽しむときでも、馬が一定時間じっと立ってい

られることは、非常に大切である。

「静止（Immobility）」も TREC の課題のひとつ

　「静止（Immobility）」も TREC の課題のひとつで、ルールブックでは次のように定められている。

　静止（Immobility）
・概要
　　この課題は平らな地面の上に描かれた 2 つの同心円を使って行われる。
　　馬は内側の円の中に立ち、ライダーは外側の円の外に立つ。
・内側の円：直径 4 m
・外側の円：直径 8 m
　　放馬を避けるため、周囲を柵で囲むことが望ましい。

・目的
　　馬の落ち着きと従順さをみる

・採点
　　馬が内側の円の内側、ライダーが外側の円の外側にいる 1 秒ごとに 1
　　ポイントとする。
　　最高 10 ポイント。10 秒の終了はジャッジが知らせる。
　　外側の円の外にいるライダーは、馬に声と手による動作で指示を出すことができる。

　　参考：国際ルールでは声で指示を出せるが、動作や道具による指示は許
　　　　　されず、違反した場合はそこで時計を止め、そこまでの時間がポ
　　　　　イントとなる。

・介入
　　内側の円を出た馬の所にライダーが近づくことは介入とみなす。
　　　介入 0 回：10 ポイント
　　　介入 1 回：7 ポイント
　　　介入 2 回：4 ポイント
　　　介入 3 回：0 ポイント

　TREC 競技が本課題の「目的」に掲げているように、馬がじっと立ってい
られるかどうかは、馬の落ち着きと従順さをみる目安だ。と同時に、人と馬
の信頼感を図る目安でもある。

「待て」の教え方は犬と同じでも、その 10 倍は根気よく

　犬を飼ったことがある人はたいてい「待て！」を教えたと思う。餌を前に
犬にお座りをさせ、「よし！」というまで我慢させる訓練だ。
　馬の訓練も基本は犬と同じだ。
　まずライダーは、静かな場所で馬と対峙する。リードか手綱を鞍にかけた
ら、馬に「待て！」と声をかけて手で制止の合図をする。「待て！」の代わりに、
英語で「Stay ！」「Wait ！」「Stand still ！」でもかまわないが、言葉は一つ
に決めたほうがよい。理解できるまで何度も指示を出し、少しでもできたら

馬を円の内側にじっと立たせる。円の外側には美味しそうな牧草が……。
（TREC 全欧選手権での様子）。

すかさず褒める。

　ライダーは馬の顔から目を離さず、少しずつ後退する。10 秒間、馬がじっと立っていられたら、馬に近づいて褒める。

　普通の馬であれば案外短時間で覚えるが、犬よりは根気が必要だ。犬の10 倍の時間をかけるつもりで行おう。

　静かな馬場でできるようになったら、次は環境を変えて練習しよう。馬場内に他の馬を入れる、餌の乾草を離れた場所に置いておくなどの細工をする。なぜなら、群れの動物である馬は、仲間がいる方に行きたがるし、餌が

乗馬にはハミが必須、ではない。

ハミなし頭絡。

ロープホルター。

ロープホルターで外乗。

あれば当然そちらの方に行こうとする。それでもあなたの指示に従ってじっと立っていられるように訓練するのだ。

　英国で TREC 全欧選手権を見学した時のことだ。選手権レベルになると、ほとんどの馬はこの課題を難なくこなす。そのため、難易度を高める工夫なのだろうか、馬が立つ直径 4m の円の内側は土にして、外側には美味しそうな牧草が生やしてあった。馬は牧草の誘惑を断ち切り、ライダーの指示に従って一定時間、円の内側に立っていなければならないのだ。

ハミは馬の歴史における大発明だが、外乗には不要？

　私はこれまで自分が所有する馬に騎乗するときにはハミを使わないようにしてきた。ハミなし頭絡（Bitless Bridle）、ロープホルター（Rope Halter）などを使うか、無口にリードロープを 1 本つけただけで乗ってきた。

　当初はハミを使用した馬もいたが、ハミがない方が馬がおとなしく従順になり、うまくコントロールできることがわかって以来、ハミは一切使っていない。

　きっかけはエンデュランスだ。私は 25 年ほど前、オーストラリアでエンデュランスを始めた。日本とは様々な違いがあって驚きの連続だったが、その一つがハミだ。多くの人がハミを使わず競技に出ていたのだ。

　出場選手たちは、「エンデュランスの馬は 1 日中、長距離を走らなければならない。少しでも負担を軽くするために、重い金属のハミは使いたくない。馬はコース上で草を食べたり水を飲んだりしなければならないし、ハミは邪魔なんだ」という。

「不整地を走る際、ハミがないほうが馬はバランスを取りやすい」といった人もいた。この人はエンデュランスの全豪チャンピオンだった。

　人が馬を思いのままに制御しようと試みた歴史の中で、ハミは最大の発明だといわれている。

　カザフスタンの遺跡から出土した紀元前3500年頃の馬の歯には、ハミ痕が残されている。これは当時、すでに馬の家畜化が行われていた証だとか。アブミや拍車の発明よりはるかに前のことだ。

　ハミのおかげで、騎手は細かい扶助を、口という非常に敏感な器官を通じて馬に伝えることが可能になり、複雑な運動や制御ができるようになった。馬は人が命を託す「乗り物」になり、馬術競技も成立したといえるだろう。

　馬をコントロールするために、非常に重要なハミ。これを使わないのはよほどの上級者でなければ無理だろうと思いつつも、私は海外のエンデュランスライダーにならい、自分の馬にハミを使わないようにしはじめた。

　その後、日本で外乗のガイドをしたり馬場内で指導するうちに、はたと気がついた。ハミなしで乗るべきは、上級者ではなく、むしろ初級者なのではないか、と。

　なぜならハミは、新馬の調教段階や、上級者が馬術競技で馬を複雑にコントロールする場合を除き、ないほうがいいという考えに至ったからだ。

初心者ほどハミもコブシも使わないほうがいい

　私は、『乗馬ライフ』誌にかつて連載した「目からウロコの"非常識"上達法」（2016年4号〜2017年11号）で「コブシを忘れろ」ということを主張した。

　騎座が安定せず、馬と一緒に動けない間は、コブシを自由に使えないから

だ。ただでさえバランスが悪くて体がぐらついているのに、コブシにばかり意識が行くと、身体がさぼりがちになる。器用に動く手に頼るのではなく、全身の感覚を研ぎ澄まして、まず騎座の安定を目指そうと主張したのだ。

　ハミにも同じことが言える。ライダーの手がバタつき、姿勢を上手くコントロールできなければハミは馬の口の中でガチャガチャ動くだけ。あなたが馬だったらどう感じるだろう。口の中に重い金属の棒をくわえさせられ、その棒についたヒモをむやみやたらと引っ張られる・・・これほど不愉快なことはない。ハミの形状によっては舌を挟んだり、口の中を傷つけることもあるだろう。苦痛を感じた馬は、反抗するか我慢して鈍感になるかのどちらかだ。ライダーとの絆は、いつまでたっても築けない。

　ハミにはさまざまな種類がある。中央にジョイントがついたもの、唇の下に来る部分にねじった鎖が有るタイプ、テコが効くように長く作られたものなど。これほど多くの種類があるのは、あるタイプのハミでは馬のコントロールがきかないと分かるごとに、別の形状のハミを開発していった結果ではないだろうか。

　ハミはそのほとんどが金属製だ。馬に優しいといわれるタイプのものでも、使い方によっては馬に苦痛を与え、不快な思いをさせる場合がある。馬をコントロールするには、人馬の間に信頼関係を築くことが一番。そのためにはいかなる苦痛、不快感も与えてはならない。

　きちんと調教ができた馬に乗り、馬に応じてロープホルターやハミなし頭絡などを適切に使えば、ハミなしでも外乗に行けるのだ。

－ Be Natural and Free ！

第6章

常歩は速く、駈歩は遅く（Fast walk & Slow canter）

　外乗に出かけるときのペース配分について考えてみよう。景色の良い所はのんびりと馬に常歩をさせる。走りやすい所にきたら駈歩でスピードを楽しむ。すなわち常歩は遅く、駈歩は速く。

　楽しみのための外乗はもちろんこれでかまわない。しかしあなたが乗る馬をより良い馬にしたいなら、そして騎乗技術の上達も目指したいなら、常歩は速く、駈歩は遅くしてみることもお勧めする。

TREC の「歩様コントロール　Control of Pace」

　野外騎乗の技術を競う競技 TREC の種目（Phase）の１つが「歩様コントロール　Control of Pace」だ。「Control of Gait」と呼ばれることもある。

　地面にマークされた走路の中で、馬に速い常歩と遅い駈歩をさせることにより、馬の調教度とライダーが馬のペースをコントロールできるかをみる。常歩は速ければ速いほどポイントが高く、駈歩は遅ければ遅いほどポイントが高くなる。

ルール

　TREC の国際的統括団体 FITE（国際観光馬術連盟）が定めるルールを見てみよう。（参考サイト：www.fite-net.org/Sports/TREC　）

・走路：長さ 150 m、幅 2 ～ 2.2 m、直線でなくてもかまわない
・駈歩、常歩それぞれ 30 ポイント、合計 60 ポイント
　　スピードにより 0 ポイントから 30 ポイント、詳しくは上記サイト参照

TREC 全欧選手権の歩様コントロール競技。

駈歩で最高の 30 ポイントを取るには時速 16km以下、時速 18km以上だと 0 ポイント。

　　常歩で最高の 30 ポイントを取るには時速 8km以上、時速 5.6km以下だと 0 ポイント

・指定された歩様以外の歩様になった場合は 0 点となる。

・コース上で停止、または後退、走路からはみ出した場合は 0 点となる。

　駈歩、常歩の時速だけをみてもわかるように、以上の国際ルールは非常にレベルが高くなっている。みなさんが馬場内で普通に駈歩練習をするときのスピードは時速 20km程度が多いと思う。これでは 0 点だ。常歩は馬まかせで歩いているとせいぜい時速 4 〜 5kmではないだろうか。これも 0 点だ。

　このため、実施する国、団体ごとにルールを決め、スピードによるポイントも国際ルールより緩やかなものにしているのだ。

　また、走路の長さを 75m や 50 mにし、幅を 2.5m くらいに広げる。歩様が変わったり、コース上で停止、後退したり走路からはみ出しても 3 ポイント程度減点するにとどめるなどとすることもある。

　外乗の技術として、速い常歩と遅い駈歩がなぜ必要なのだろうか？

まずはバイタルウオークから

　ここからは私が尊敬する馬学者、青木修先生（日本ウマ科学会会長）の受け売りだ。

　「多くの競技馬が背骨のトラブルを抱えている。日々の調教の中で、体

幹の筋肉や靭帯を鍛えて、背骨の強化策を講じることが何よりも大切。

　まず主要な運動を行う前の準備運動として、馬体のストレッチに心がける。それにはバイタルウオーク（VW）が効果的である。VW とは、大きな歩幅の常歩のこと。いわば伸長常歩。当初はすぐに速歩に移行してしまう歩幅が狭い馬もいるが、推進扶助を使いながら常歩を維持するうちに、背骨を使って後肢を踏み込み、大きな歩幅で歩けるようになる。

　VW は馬体の柔軟性とすべての関節の可動域を広げるために必須の準備運動だから、日々調教の中で辛抱強く教えこむ必要がある。」（「青木先生の馬学講座」『馬術情報』2018 年 9 月）

馬の故障防止、健康維持のために VW の必要性が良く分かる。

　VW は歩幅が広がるだけではなく、常歩の速度も上がる。普通の馬が馬なりに常歩をしているときの速度は時速 5 ～ 6㎞程度だが、この程度のスピードまででは馬の筋肉はほとんど活動していない。消費エネルギーもわずかなものだ。

　しかし時速 7 ～ 8㎞の速い速歩をさせると、あるスピードから馬の筋肉は突然活発に動き始める。消費エネルギーも急に上昇する。特殊な装置を開発し、馬につけて実験し、世界で初めてこれらの事実を発見したのも青木先生だ。30 分の VW で消費するカロリーは、競走馬が 3 分間ギャロップ調教する消費エネルギーに匹敵するそうだ。

　すなわち、VW は馬にとって肢を痛めるリスクの少ない心肺トレーニングでもあるのだ。

　外乗に行くとき、VW を取り入れてみよう。「常歩は休め」だと思っている方には目からウロコかもしれない。

馬場内で行う「常歩競走」。人馬にとって最高のエクササイズのひとつ。狭い場所
では折り返しても可。

常歩競走

　馬場の端に横一列にならび、合図と同時に一斉に常歩でスタート、馬場の反対側の柵にタッチして折り返す。速歩になったら失権だ。

　一生懸命やるとライダーは汗ばむくらいだ。裸馬で行うと、鞍があるとき以上に馬体の動きが感じられ、その動きを増幅しようとライダーが大きく体を使っていることがわかる。

　常歩のときに馬は重心を横八の字を描くように動かす。ライダーの腰も一緒に動く。この動きはライダーの代謝を高め、美容と健康に良いとされている。この動きを再現した健康器具「ジョーバ」があるくらいだ。

　外乗時、横一列で進める場所は限られているかもしれないが、チャンスがあればこの練習を取り入れてみることをお勧めする。

準備運動としての「風車」（Around the World）

　軽乗の基礎運動。止まった馬の上で、横向き、後ろ向き、反対側の横向きと回転する。ライダーの腰回り、とくに股関節の柔軟性を高めるのに効果がある。バランス感覚も問われる。「常歩競走」の前にやっておくと効果的だ。

駈歩は遅さが大事

　遅い駈歩は「収縮した」駈歩でもある。収縮（collection）というのは、馬術のトレーニングスケールで一番上位に位置する高度なものだ。外乗愛好家

軽乗の基礎 "風車"。

ジェリコー・マゼッパ伝説
（映画のポスター）

の方々は馬術的な収縮を目指す必要まではないかもしれないが、ただ馬なり
に好きな速さで駈歩をさせるのではなく、落ち着いた詰めた駈歩をするよう
に外乗のときもこころがけよう。これも馬の健康とあなたの騎乗技術向上の
ためだ。

　映画「ジェリコー・マゼッパ伝説　Mazeppa」という作品がある。

　「遅い駈歩」というときに思い出す有名な映画だ。監督はかの騎馬芸術集
団「ジンガロ」を主宰するバルタバス。1993 年のフランス映画。

　19 世紀ロマン派を代表する画家ジェリコーは、ある日、曲馬の名手フラ
ンコーニに「馬については素人同然」と痛罵される。悔しさと探求心に駆ら
れてフランコーニの芝居小屋を訪ねた彼は、やがて馬、馬術に陶酔してい
く・・・

　作中でバルタバスは、フランコーニの口を借りて自らの馬術への洞察を何

61

度も語る。

「馬は速さではない。「遅さ」だ。私にとって馬を理解することは遅さに紛れること。つまり忍耐だ」

そしてバルタバス＝フランコーニは、これを証明するために駈歩する馬で広場を1時間かけて横断する。しかしそれで驚いてはいけない。広場を渡りきった馬は、今度は馬首を返さず、そのままバックをし始める。すなわち「幻の高等馬術」とよばれる「後退駈歩」を演じるのだ。
　※ネットで「ジェリコー・マゼッパ伝説」→「Mazeppa-ニコニコ動画」と検索すると、この超ゆっくり駈歩から後退駈歩のシーンを見られます。

外乗の技術の話が飛躍しすぎてしまったかもしれない。速い常歩同様に、遅い駈歩も大切なのだということ、そしてこれらは馬場内での練習の時だけでなく、外乗の時にも意識すると良いということを覚えておいていただければと思う。

第7章

裸馬に乗ろう Riding Bareback

人馬一体のバランスが身につく最良の手段

なぜ裸馬騎乗をすすめるのか

　私は、主に海外でホーストレッキングによって乗馬を学んできたため、乗馬の基礎は裸馬で会得するものだと思っていた。これまで接してきた海外の馬乗りの多くが、裸馬で乗馬の基礎を覚えた人たちだったからだ。日本で乗馬クラブに通い、"正統"なレッスンを受けてきた人たちからすると、私は"非常識"な指導者ということになるだろう。

　欧米で乗馬を楽しむ人の多くは、子供のころにポニークラブで馬に乗り始める。ポニークラブでは裸馬に乗ることがよくある。馬の動きを感じ、バランス感覚を身に付けるためだ。

　私は1980年代、モンゴル馬に乗りに、たびたび中国内蒙古自治区に行った。当時、モンゴル人の大人は木で作った素朴な鞍を使っていたが、子供たちは皆、裸馬に乗っていた。なぜかと聞くと、「鞍は高くて子供に与えられないから」。しかし、幼少期に裸馬に乗って過ごすことで、馬を乗りこなすための感覚や技術が自然と養われていくのだろう。

　オーストラリアのタスマニア州へは80年代から今日にいたるまで、仕事の関係もあって何度も訪れている。

　タスマニアの人は多くが馬乗りで、子供たちは裸馬に乗る。裸馬騎乗はバランス感覚を身に付ける最良の方法であることに加え、やはり鞍は高いのでなかなか買ってあげられない、というのがその理由だ。裸馬で自由に馬を乗りこなせるようになると、親が最初の鞍を買い与える。中古で300豪ドル（29,000円）くらいのものが多かったようだ。

人がリラックスすると馬も自然にリラックス

　裸馬騎乗は、馬の動きをより良く感じ、人馬一体のバランス感覚を身に付ける最良の方法といえる。ところが日本の乗馬施設では、なかなか体験できないのが現実のようだ。

　そこで私は、「大人になってから乗馬を始めた人も、裸馬に乗ることで得られるものがあるのではないか？」と考え、各地で裸馬騎乗会を開催してきた。

　裸馬騎乗会ではまず、馬場内で上馬、下馬、発進、停止、常歩、速歩などの基本を学ぶ。

　初めて裸馬騎乗会に参加した人の多くは、馬場では緊張のあまり、馬を上手く動かすことができない。初めての場所で、初めての馬に、初めて鞍なしで乗るのだから当然ともいえる。しかもハミを使わず、ロープホルターやハミなし頭絡を用いる。これもまた、「本当に馬をコントロールできるの？」といった心配の材料になるようだ。

　ところが、裸馬で馬場の外に出てしばらくすると、参加者の表情が緩んでくる。季節ごとに変化する景色を眺めながら仲間とおしゃべりすることで、無駄な力が抜けて自然とリラックスするのだ。馬の動きを妨げるリキみがなくなるので、馬もリラックスしダイナミックに動くようになる。

　フラットな馬場の中と違って、外乗コースには坂や不整地がある。馬はクビをはじめ身体全体を大きく使って動くので、騎乗者は馬場にいる時以上に馬の動きを感じとることができ、同時に馬上でのバランス感覚もきたえられる。森の中で倒木を跨いだり、立木をスラロームで走り抜けたりするのは、

裸馬騎乗はバランスと安定した騎座習得の最高の練習法。ハミや頭絡ではなくロープ
ホルターで騎乗。

騎乗技術を磨く最高の方法だ。

　裸馬で馬の動きを感じ、馬と一緒に動く体ができれば、鞍をつけたときにはより楽に馬に乗れる。

裸馬騎乗用の専用パッドで人も馬の安全＆快適に

　このように、裸馬に乗ることで得られるメリットは大きいにもかかわらず、日本の乗馬施設では一部を除き、裸馬騎乗を実施していない。何故だろうか？

　関係者にたずねると、通常「お客が落馬すること、馬が背中を痛めることを避けたいから」という答えが返ってくる。裸馬騎乗を実施している施設でも、馬場の中でごく短時間体験するだけというパターンが多く、裸馬にお客を乗せて外乗に行くところは、ほとんどないようだ。

　たしかに、馬の急な動きによって騎乗者がバランスを崩した場合、アブミがないと落馬の危険が高まる。

　鞍を用いれば、騎乗者の体重は広い範囲に分散されるが、鞍なしだと一部分に体重が集中する。特定の箇所に負担がかかり続ければ、馬は背中を痛めてしまうかもしれない。とくに速歩でお尻がポンポン跳ねる騎乗者の場合はそのリスクが増す。

　そこで、落馬の危険を減らし、馬の背中を保護するために利用したいのが「裸馬騎乗用パッド」だ。折りたたんだ毛布を馬の背に括り付けるだけでもいいのだが、裸馬騎乗用パッドにはさまざまなタイプがあるので大変便利だ。乗馬ズボンが馬の汗や毛で汚れるのを防ぐ効果もある。

　一例：人工皮革や天然スエードでできた厚手のもので、馬体のカーブに添うよう立体形状になっている。前部にサドルホルダーのようなグリップがつ

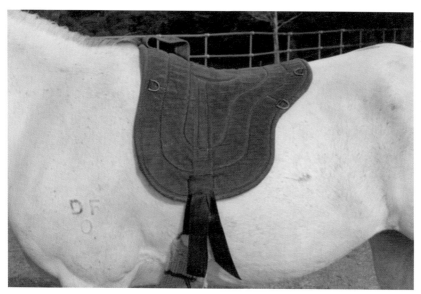

裸馬騎乗用パッドの一例

いており、バランスを崩しそうな時につかまることもできる。これなら安全に裸馬騎乗を体験することが可能だ。

ニンジン一本でできる裸馬騎乗後の馬のケア

　裸馬騎乗によって騎乗者の体重が馬の背中の特定箇所に集中すると、背骨の上に飛び出した棘突起が癒着する「キッシングスパイン」を発症する場合がある。

　それを予防するのが「ニンジンストレッチ」だ。ニンジンスティックを使っ

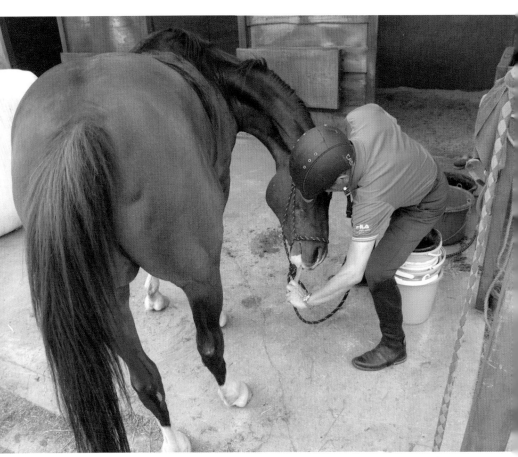

ニンジンストレッチ。ニンジン1本でできる裸馬騎乗後のケア。馬が背中を痛めるごとを予防する。

て馬の頭を誘導し、背中と首のストレッチをしてやる。裸馬騎乗後にはかならず行おう。

しっかり安全対策をして楽しくタメになる裸馬騎乗を

　裸馬で外乗に行く際には、鞍をつけたとき以上に安全対策に気を配らなくてはならない。

　馬の種類は問わないが、小ぶりで安全な馬が適していることはいうまでもない。引退競走馬のサラブレッドは避けたほうが無難だ。万一走られてしまったときのスピードが速いこと、落馬した場合、地面までの距離が小柄な馬にくらべて大きく、衝撃がより大きくなるからだ。

　乗馬用のヘルメットは必須だ。ボディープロテクター（安全ベスト）も着用しよう。最近はエアバッグ式のものが普及してきた。ただし、エアバッグ式のものは一度作動したあとは、外乗が困難になることを覚えておこう。

　馬の体温は人間より高いため、裸馬で乗ると馬の体温でお尻がポカポカしてくる。馬との一体感が感じられるぬくもりだ。

第8章

外乗のフィールド1　森林と林道

　外乗のフィールドとそれぞれの場所での乗り方について考えてみよう。

　国土の70％以上を森林が占める日本では、外乗のフィールドとして森林の中や林道が欠かせない。整備された林道、馬道など森林の中にできた道を走る時もあれば、道がない森の中を走ることもあるだろう。

　森の中での外乗は心身の健康促進の優れた方法だ。乗馬によるエクササイズ効果に加え森林浴にもなるからだ。

　森林浴は樹木が発散するフィトンチッドと呼ばれる殺菌力をもつ揮発性物質を吸収する健康法として知られている。健康だけでなく癒しや安らぎを与える効果もある。

林道

　日本において、かつて林道は木材を得るための森林管理のための道とされ、国や地方の森林管理事務所が厳重に管理し、一般の人がレクリエーションやスポーツのために自由に利用できる場所ではなかった。

　しかし戦後日本の林業は、海外からの安い輸入材木に押されて競争力を失ない衰退の一途をたどった。手入れをされなくなった山林は荒れるにまかせ環境破壊を引き起こし始めた。森林の利用を木材の提供のみに限っていられなくなったため、国も方針を転換した。

　2001年（平成13）7月に施行された「森林・林業基本法」では、同第17条（都市と山村の交流等）で「健康的でゆとりのある生活に資するため、都市と山村との間の交流の促進、公衆の保健又は教育のための森林の利用の促進その他必要な施策を講ずるものとする」ことが位置づけられた。

　また、同年10月に策定された「森林・林業基本計画」の中でも、教育・

楽しく健康的な林道を外乗。

福祉・保健等の分野と連携し、森林環境教育や健康作り等の森林の利用を促進し、森林と人との豊かな関係の回復を図ることがうたわれている。「林業のための森」から「国民の生活のための森」への転換が確認されたのだ。

　現在では、森林散策、ハイキング、マラソンやトレランなどスポーツやレクリエーションにとっても必要な道路として整備が進められている。ホーストレッキングやエンデュランス大会も林道を使って開催されている。

林道走行の注意

　林道は基本的に管理者の車（ジープなどの四駆や軽トラ等）が通れるように作られているので、馬にとって走行が困難な急坂や危険なほど幅が狭い場所はまずない。しかし片側が谷の所が多く、ガードレールが常に設置されているとは限らない。

　一般道と違い、通る人も車もほとんどないため、漫然と走行しがちだが、休日にはマウンテンバイクやオートバイが急に飛び出してきたりすることもある。驚いて谷側に寄りすぎた馬が万一滑落する危険もあるので、十分注意することが必要だ。

　林道の多くはダートコースだが、砂利や砕石を敷いてある所もある。砂利のタイプに注意しよう。丸みを帯びた石は蹄に優しいが、角ばった砕石は蹄を痛めやすいのだ。

　一番危険なのは、地中に埋まった大きな石の一部だけが地上に出ているものだ。馬上から一見すると、地表に転がった石との見分けがつきにくい。地表の石は馬が踏むと、転がったり地中にめりこんだりして、蹄へのダメージは少ないものだが、大きな石の一部が地上に出ている所を踏むと、馬はたち

まち蹄底を痛める。

　このような危険がある場所は、ゆっくりと常歩で行くか、下馬して引馬したほうが良いだろう。

追い越しとすれ違い

　道路交通法上、馬は軽車両で左側通行が基本だ。他の馬を追い越すときには右側から、すれ違う時にはお互いを右側に見る。車と同じだ。

　なお、車が右側通行の国では、これらは反対になる。

追い越し、すれ違いの時には、自分の馬と相手の馬を良く観察しよう。耳を端しょって警戒しているときには注意が必要だ。

　また、相手に道を譲ろうとして、道の端に寄ったり、森の中に馬の頭を突っ込んで「どうぞ」という人がいる。これは馬のお尻が相手の方に向いてしまい、蹴り合うと危険だ。馬の頭を相手の方に向けよう。

森の中の走り方

　林道のように車が通れるほどに整備されてはいなくても、森の中には馬やハイカーが通ることによってできた細い道がよくある。また道がない森の中を通ることもありえる。

　このように森の中の細いクネクネした道や木立の中を走るのは楽しいものだ。騎乗技術の向上にも役立つ。

追い越しの練習。自分の馬と相手の馬の仕草や表情をしっかり観察すること。

馬は自分の身体の幅と高さしか考えていない

　森の中を走るときに、立木に膝や足をぶつけて痛い思いをしたり、低い枝をよけられず顔に怪我をした経験のある方もいらっしゃるだろう。

　自分ひとりで馬をコントロールしながら走っている時より、ガイドに先導してもらって走っている時にむしろ起こりがちだ。人まかせ馬まかせになりがちだからだ。馬は自分の体の幅と高さしか意識していないのだ。

スラロームの練習

　森の中でスムーズに立木を縫って走れるようになるために、馬場でスラロームの練習をやってみよう。

　ポールを立てたりカラーコーンを5メートル間隔で5～6個並べ、スラロームで通り抜ける。常歩、速歩、駈歩でやってみよう。

　手綱だけで馬を左右にコントロールしようとするのでなく、適切な重心移動と脚の扶助を心掛けよう。右にカーブしたい時は、まず右の座骨に体重をかけながら、内方脚となる右脚で馬を外側に押し出す。馬の腰が外方である左側に出かかったら、すかさず外方脚を少し後ろに引いて馬の腰が左に動くのをブロックする。馬は右前方へとカーブしながら進んでいくはずだ。

　手綱はブリティッシュ式に両手で持っているときには、右側を少し引きながら、左側はたるまないように固定する。この時、左コブシが馬の首を超えて右に行かないようにしよう。

　ウエスタン式に片手で持つときには、手綱の長さが左右均等であることに

馬場でのスラローム練習。手綱や体重のかけ方など、一連の動作を意識せず行えるよう、繰り返し練習しよう。

注意してコブシを行きたい方向に動かす。行きたい方向の反対側の手綱を「押し手綱」として使うのだ。視線は曲がりたい方向に向ける。

　手綱操作、座骨への体重のかけ方、脚の扶助、視線、いくつかのことを同時にやるのは最初は大変なように思えるが、慣れてくるとこれら一連の動作が無意識にできるようになる。

S字クランク

　S字に配置した横木を通り抜ける。引馬と騎乗で行う。横木はレンガなどの台に乗せ、馬の肢が触ると落下するようにしておく。

　騎乗の場合は前述した「スラロームの練習」を意識して馬をコントロールしよう。完全な「前肢旋回」、「後肢旋回」まではいかなくても、馬の前肢後肢を左右にある程度自由にコントロールできることが必要だ。

枝くぐりの練習

　外乗中に顔を低い枝にぶつけて怪我をする人は案外多いものだ。意外と思われるかもしれないが、速歩や駈歩のときではなく、ゆっくりとした常歩のときにもおこりがちだ。ライダーはただ頭を下げるか、身体を前に倒せばよいだけなのに、なぜできないのだろうか？

　それは馬の重心の上に座ったまま、騎座の位置を変えずに上体だけを前に倒そうとするため身体のバランスをうまく取りにくいからだ。

　まずお尻を後ろに少しずらしてみよう。案外簡単に上体を前に倒せるものだ。速歩で軽速歩をとっていたり、駈歩でツーポイントで乗っているときに

TRECの課題の一つ「S字クランク」。前肢、後肢を自由にコントロールできるように。

低い枝くぐり。慣れないと意外に難しい。

は、お尻が鞍にくっついているわけではないのでバランス移動をしやすいの
だ。
　実はこの「枝くぐり」を馬場で練習する方法がある。
　走り高跳び用のバーを2〜3セット用意し、バーを馬のキコウの20㎝程
上にセットし、ライダーはこの下を、常歩、速歩、駈歩で走りぬける。
　外乗を楽しく安全に楽しむために、馬場で練習できることも色々あるのだ。

第9章

外乗のフィールド2　海岸

魅力的な海岸外乗

　浜辺のギャロップ。外乗ファンはもちろん、乗馬をこれからはじめようという人にとっても憧れの一つと言えるだろう。

　海岸での騎乗について考えてみよう。

　馬に乗ったことがない人でも、テレビドラマ「暴れん坊将軍」や数々の映画の浜辺の騎乗シーンに魅力を感じ、中には海岸外乗を目的に乗馬を習い始める人さえいるようだ。海岸、とくにまわりにさえぎる物のない広々としたビーチでのギャロップは精神の解放感が味わえる。

　かくいう私もその一人だ。FRCの海外乗馬ツアーでも海岸を走れる所に良く行く。南仏カマルグ・地中海のビーチ、アイルランドの秘境・コネマラの海岸、オーストラリアの宝島タスマニア島等々。

　日本国内ではどうだろうか？　周囲を海に囲まれた日本は本来、海岸外乗のフィールドに囲まれているはずだ。しかし国内で海岸外乗を楽しむのはなかなか大変だ。

　まず、馬で快適に走れる浜辺が年々減ってきている。私が熱心に国内外乗を行っていた80年代前半にホームグランドにしていた九十九里浜を例に挙げる。

九十九里浜の外乗

　九十九里浜は房総半島（千葉県）の太平洋岸にあり全長66kmにも及ぶ広大な海岸だ。

千葉外房九十九里浜で、海岸外乗を楽しんでいた頃の筆者。

　1980年代のはじめ、私はこの九十九里浜の最南端、一宮海岸で地元乗馬クラブの馬を借りて海岸外乗を楽しんでいた。当時は海水浴シーズンが過ぎると浜辺に人影はなく、浜千鳥の群れを蹴立てて爽快なギャロップが楽しめた。

　85年頃からだったと思う。「アウトドア」がブームとなり、四輪駆動車にバーベキューセットを積んだ若者やサーファーが増え始めてきた。

　また、海岸の浸食を防ぐために、数百メートルのスパンで海に突き出す突堤が作られ、そのために作られた建設用道路をダンプカーが走り回るようになった。

　かつて広大な一つの浜だったのが、突堤によってズタズタに寸断されてしまった九十九里浜南端は日本の海岸の中では残念な例だったのかもしれない。全国にはまだまだ外乗に適した海岸が残っていると思う。

　しかし海水浴シーズン以外にも海岸を利用する人が増えてくるにしたがい、騎乗者と他の利用者の間でトラブルが起こることも増えてきている。それは海岸利用に関するルールが確立していないことと、一般の人の馬に対する理解がないからだろう。

　普段馬がいない海岸に馬を連れて行って騎乗しようとすると、馬が海岸にいるというだけで驚いて警察に通報する人さえいた。

日本の海岸は誰のもの？

　海岸は誰のものだろうか？　本来国民のものだ。自然災害に見舞われやすい日本の海岸は、海外で良く見るプライベートビーチのように海岸を私的に占有する開発がほとんど行われてこなかった。海岸は公共のものであり、誰

オーストラリア・タスマニア島での海岸外乗。その爽快感は格別！

もが自由にアクセスし利用できるものとされてきた。林道の所でも述べたように、本来なら国民が自由にスポーツやレクリエーションで使える場所だ。
　海岸に関する法律「海岸法」は「法律の目的」を以下のようにうたっている。

　　この法律は、津波、高潮、波浪その他海水又は地盤の変動による被害から海岸を防護するとともに、海岸環境の整備と保全及び公衆の海岸の適正な利用を図り、もつて国土の保全に資することを目的とする。（第一章総則、第一条）

「公衆の海岸の適切な利用を図り、…」、このように海岸法にはパブリックアクセスの概念が反映されてはいるが、その利用の具体的ルールに関しての定めが少ないため、既得権をもつ人や、権限を持っていると思いたい人の裁量権が優先されがちなのだ。
　FRC のホームグランドのひとつ、オーストラリアのタスマニアでは誰もが気軽に海岸外乗を楽しむことができる。
　海岸が近ければ、自宅で飼っている馬に騎乗して、距離があればトレーラーに乗せて海岸に連れていく。ピクニックの施設とともに、馬繋ぎ場と馬の水飲み場が用意されている所もある。

　ウミガメの産卵地や貴重な動植物が生息する海岸では、それらを傷つけないように呼びかける看板が整備され、車の乗り入れは規制されている。国立公園に指定されている海岸ではレンジャーが定期的に見回りをしている。ルールさえ守れば、誰でもいつでも自由に海岸外乗を楽しめる。
　日本でもいつかこのように自由に海岸外乗が楽しめるようになればと思う。

海岸外乗の注意

　海岸外乗は乗り手の心身に良いだけではない。馬の肢に負荷をかけたトレーニングができる。海水に馬の肢をつけ、波に洗わせる「海漬け」は競走馬の静養・トレーニング法として行われている。

　しかし、浜辺の砂の状態には注意が必要だ。

　柔らかすぎ、深すぎの砂（ソフトサンド）は馬の心肺機能のトレーニングには良いのだが、時に屈腱を伸ばし過ぎることがあるので注意が必要だ。反対に硬く締まりすぎた砂、大型観光バスが乗り入れられるような海岸は、馬の肢へのインパクトもそれなりにあるのでギャロップのし過ぎは肢を痛めことになりがちだ。

　走行にも注意が必要だ。きれいでゴミが少ない海岸でも流木や海藻の固まりなど障害物が案外あるものだ。小さな川が流れているところもある。そのような所をギャロップしていると、馬は突然、障害物を避けるため曲がったり、ジャンプしたりすることがある。漫然と乗っていてはいけない。

　一発大波への注意も必要だ。波は常に同じリズムではない。波打ち際に馬を乗り入れていて突然大きな波をかぶることがある。驚いた馬がひっくり返ることもある。

　タスマニアの海岸の波打ち際で落馬し、ずぶ濡れになり、ウエストポーチに入れていたパスポートが水浸しになり、宿に帰ってドライヤーで乾かしたメンバーもいる。うっかりウエストポーチのジッパーを締め忘れていたら、中の物が流れ出すこともある。

　山の中のトレイルにウエストポーチの中の貴重品を点々と落とした人がい

国営　海の中道海浜公園　海岸外乗

て、メンバーも一緒に逆戻りして拾っていったことがあるが、海では回収はまず不可能だ。

借りた馬でガイドについて海岸を走るとき

馬を貸してくれる乗馬施設の方針とガイドの指示に従おう。

参加者の騎乗レベルにもよるが、ガイドの後ろについて走るか、横に広がってもガイドを追い越さないようにすることを求められるのが一般的だ。

◎国内で海岸外乗が可能な場所の例
- 北海道
  石狩海岸、浜中海岸、網走海岸
- 東北
  千里浜（石川県）
  相馬（福島県）
- 首都圏
  三浦海岸（神奈川）、館山平砂浦（千葉県）、九十九里浜（千葉県）
- 関西
  淡路島（兵庫県）
- 九州以南
  国営海の中道海浜公園（福岡県）
  玄界灘（福岡県）
  石垣島（沖縄県）
  与那国島（沖縄県）

第 10 章

外乗のフィールド 3　川と河川敷

　馬で川をザブザブと渡る、あるいは川にそって遡上したり、下ったりする。人馬にとって爽快な体験だ。

　馬で川や池などの水場を渡ることに憧れやロマンを感じる方もいるだろう。

　私もその一人だ。「川をザブザブ渡りたい」は「大草原を疾駆したい」「浜辺で駈歩したい」と同じように、馬と一体となって自然を感じたいという馬乗りの願望の一つといえるだろう。

　山が多く、周りを海に囲まれた日本には、山から流れ出し海にそそぐ非常に多くの川がある。国が管理する「一級河川」が約 1 万 4000、都道府県が管理する「二級河川」が約 7000。山大国の日本は川大国でもある。

　これらの川や河川敷の多くは、本来野外騎乗の恰好のフィールドだ。　しかし、日本の川や河川敷は、我々野外騎乗の愛好家がいつでも自由に馬に乗れる場所だろうか?

　サイクリングロードや遊歩道が整備された河川は国内に多くあるが、乗馬専用道が整備された河川は国内にどのくらいあるのだろうか?

　河川敷に馬を乗り入れたり、馬で川を渡ろうとするとどうなるのだろうか?

かつて多摩川の河川敷で馬に乗った友人の体験

　誰かから通報がいったのか、バイクに乗った役所の職員が飛んできて、「ここで馬に乗ってはいけない」と言う。

　友人:なぜいけないのだ、どういう法的根拠があるのだ?

　役所の職員:(口ごもった後で) 堤防が壊れる・・・

川渡り。ニュージーランド南島で、爽快な川渡りを楽しむ。

「馬で通ったくらいで壊れる堤防なら、洪水の時どうなるのだ？」と友人は苦笑していた。

川・河川敷の利用

　川・河川敷は「河川法」という法律の定めを受ける。利用の具体的なルールは「河川敷地占用許可準則」に定められている。

　その基本的な考えは、河や河川敷は本来国民の財産なので、水泳、魚釣り、散策、サイクリングなど他に迷惑をかけない一般的な用途であれば、誰でも自由に利用できる。ただし利用法によっては「許認可」が必要な場合がある、というものです。

　これらのルールに基づき、多くの河川敷が、スポーツ施設や、公園、遊歩道、サイクリングロード、キャンプ場、防災用ヘリコプター離発着場、採草地などとして利用されている。富山空港のように河川敷に作られた空港もある。

　しかしこれらの「法律」「準則」はどこをみても、馬に関連した定めはない。我々野外騎乗愛好家としては、立派な施設は必要なく、簡単な馬つなぎ場と馬のための水飲み場さえあればよいのだが。

　このように川や河川敷で馬に乗ることについて、明文化されたルールはなく、現場の担当者も馬について良く分かっていない。それは馬が交通輸送手段だったついに数十年前まで、日本でも馬が道を通るのはあたりまえ、河川敷を通ったり川を渡ったりするのも普通のことだったので、定めた法律や条文がないのだろう。いつのまにか周りから馬がいなくなり、馬を見るとビックリする人が増えてしまっただけなのだ。

　本来、国民の自由な権利であり、どうこういうことではないのだが、明文

川渡り。北海道十勝鹿追町の然別川（しかりべつがわ）で。

化されたルールがないため、現場の担当者のその時々の判断、裁量にまかされることになる。

海岸の場合と一緒だ。

嘆いていても事は進まない。日本の川や河川敷で馬で自由に遊べるようにするためには、我々野外騎乗愛好家は頭を使い工夫をし、地道に実績を作っていくしかないだろう。

乗馬愛好家たちが「馬による河川パトロール隊」なるものを作り、産業廃棄物不法投棄の監視やホームレスの状況、無許可菜園のチェックをするなどを目的に行政と協定を結んでいる所もある。「森林愛護騎馬隊」の川版だ。

河川走行の注意

馬での川渡りには細心の注意が必要だ。日本の川は狭い国土の高い山から流れ出ている川が多いため、諸外国の川に比べて流れが急な所が多い。

流れが非常にゆったりした川では、水が馬の腹に達するくらいの場所でも渡河できるし、さらに深いところで馬と一緒に泳ぐことも可能だ。

しかし、流れが急な場所では、馬の膝（飛節）まで水がくると危険なこともある。普段通っている地元の川でも、急な増水や川底の地形の変化には注意が必要だ。

私はこれまで国内外の多くの川で馬に乗ってきた。エンデュランス大会のコースに川渡りが含まれていることもある。怖い思いも結構してきた。

危険な川渡り

アメリカ・カリフォルニアで毎夏開かれる有名な 100 マイル（160㎞）エンデュランス大会、テヴィスカップはゴール近くのハイライトにゴールドラッシュで有名なアメリカンリバーの川渡りがある。

仲間と一緒にテヴィスに備えた練習に行ったときに、一頭の馬がこのアメリカンリバーでライダーを乗せたまま流されたことがある。大会のときは、上流のダムで水を絞り、川の水位を下げているのだが、このときは普通の状態で流れ、かなりの水量だった。

流されたのはテヴィスを何回か完走したことのあるナディアという小柄な牝馬だった。乗っていたのは小柄なドイツ人の女性。他のメンバーは私を含め、大柄な男性が大きな馬に乗っていた。水位はナディアの腹近くほどまであった。

肢が川底に届かなくなったナディアはライダーごとたちまち流された。

このときは幸い 50 m 程流されただけで無事岸にたどり着き、人馬共に無事だったが、見ているだけでも恐ろしい経験だった。

西部劇には馬で川を渡るシーンが良く出てくる。

日本では、木曽義仲と源義経の戦いにおける「宇治川の先陣争い」の故事、あるいは頼山陽の詩句「鞭声粛々夜河を渡る」を御存じの方もいらっしゃるだろう。

これら映画や歴史物語に出てくる川渡りはたいてい濁流渦巻く深い川でのことだ。これらは橋も他の交通手段もなく、馬で川を渡らざるを得なかったときの話だ。

川渡りは常歩が基本

　総合馬術のクロスカントリーで、馬が勢いよく池に飛び込み、しぶきをあげて水の中を駈け、勢いよく飛び出していくのを見たことのある方は、自然の中で行う野外騎乗でも同じように水の中を駈けてみたいと思うかもしれない。

　しかし、野外騎乗での川や池などの水渡は常歩が基本だ。

　野外騎乗の技術を競う競技 TREC には「水渡り　Water Crossing」が含まれることがある。

　TREC における「水渡り」のルールと審査基準は以下のとおりだ。

・この課題は常歩で行う。
・水場の幅は最低４ｍ、深さは約 50㎝。
・馬の落ち着きと前進気勢、ライダーの状況判断と扶助の適切さをみる。
・水に飛び込む、あるいは飛び出してはならない。
・常歩以外の歩様で水場の過半を通ると０ポイントとなる。

　総合馬術の水壕のように人工的に作られた池ではなく、川や池など自然の中の水場は、水底の地形が不規則だったり、水中に杭などの思わぬ障害物があったりすることがある。

　人馬には十分な慎重さが要求される。

　川を渡るときには、たとえ水深が 30㎝程度しかなくても、流れの速さに充分注意しよう。水面を流れていく落ち葉などを見れば分かる。

　ふだん秒速 20cmで流れている川が秒速 40cmで流れているとき、その水の圧力は 2 倍ではない。理科でならった「物理の法則」を思い出そう。「衝撃は速度の二乗に比例する」。2 倍の速さで流れる水は 4 倍の力をもっている。3 倍の速さなら 9 倍の力だ。

　スポーツやレクリエーションで馬に乗る我々は、ゆったり流れる浅い川をゆっくり歩くようにした方が良いだろう。

　まして深い川で馬と一緒に泳ごうというのは、海や湖で馬と一緒に泳いだ経験のある人でもやめておいたほうが良いだろう。

第 11 章

外乗のフィールド4　公道

　外乗のフィールドは大自然の中だけではない。乗馬施設の柵を一歩外に出た所からが外乗とすると、車や人と同じ道を走らなければならないことは結構あるものだ。

　日本では馬が公道を走行するにあたって、馬乗りを含め、だれもが知っている定められたルールはない。道路交通法はあるのだが、馬に乗る人がみな公道走行時に意識しているわけではないようだ。

　車や人と馬の公道上における関係について、みなどうして良いかよくわからないまま公道で馬に乗っている場合が多いのではないだろうか？

馬と道路交通法

　記述のように馬は道路交通法上、軽車両にあたる。

　軽車両の運転にあたり運転免許は不要だが、自動車などと同様の交通規則が定められており、違反を取り締まられた場合には交通切符が交付される。

軽車両の定義

　道路交通法第 2 条第 1 項第 11 号

　自転車、荷車その他人若しくは動物の力により、又は他の車両に牽引され、かつレールによらないで運転する車（そり及び牛馬を含む）

　例：牛および馬（人が引いており、または騎乗しているもの）

　法律上、馬は騎乗していても引いていても軽車両で、公道を自由に通行できる。日本では車と同じで道の左側通行がルールだ。右側通行の国（アメリカやヨーロッパ大陸など）では右側通行になる。

　馬が公道走行するにあたっての実際の細かいルールは法律では定められていない。馬乗りのための教育の場もないし、運転者が学ぶ交通ルールの中に馬との関係を定めたものもない。

　道で車と馬が出会った時どちらに優先権があるのか？

　馬列を追い越すとき、車はどうすべきなのか？

　追い越される馬の方はどうすべきなのか？

　本来人のための横断歩道を馬で渡ってよいのか？

などなど、馬乗りも運転者も良く分からないのだ。

　私は以前「馬の町」といわれる小淵沢（山梨県北杜市）で乗馬活動をしていた。外乗で、またエンデュランスなど馬のトレーニングで公道を走ることもよくあった。

　地元の車は馬に慣れているため、道を譲ってくれたり、徐行してくれたりと概ね馬に優しい場合が多いのだが、よそから初めて来た車の場合は、スピードを出して馬の横を通りすぎたり、クラクションを鳴らされたりすることもあった。悪気はないのだろうが、馬という動物のことを知らない人が多いのだ。

　フリーダム・ライディング・クラブ（FRC）は海外乗馬ツアー同好会としてスタートした。これまで永年にわたり世界各地の外乗を仲間と共に楽しんできた。そもそも乗馬のフィールドを海外に求めたのは、人や車であふれる日本の道を避けて広々とした大自然の中で馬に乗りたかったからだ。

　しかし、実際に海外に行ってみると、馬に乗るのは大自然の中ばかりではなく、公道を走ることが思った以上に多く、またそのための社会的ルールが確立していることは新鮮な驚きだった。

英国の例

　英国では、景色の広大なウエールズを中心にこれまで何回か乗馬ツアーを実施してきた。

　ウエールズでは数日かけて全土を横断することもあり、数々の町や村を通り抜けるため市街地も良く走る。前から来る車は馬に出会うと停止してくれる。馬が優先な幸せな国だなといつも驚きうらやましく思っていた。

　聞けば、馬優先を定めた法律があるわけではなく、マナー習慣として定着しているとのこと。その裏にはＢＨＳ（British Horse Society 英国馬事協会）（注＝p104）に代表されるように馬と馬乗りの権利を守る社会的影響力をもった団体があり、関係者の永年の努力の賜物ということもわかってきた。

　英国は馬の国だ。乗馬人口は約 400 万人といわれる。かたや日本は約 8万人。英国の人口は日本の約半分だから、人口に対する乗馬人口は英国が日本の約 100 倍といえる。馬が身近なのだ。

　ロンドンでは驚きを通り越してショックといえるほどの体験をしたことがある。

　ロンドン郊外のウインブルドンで馬に乗ったときのことだ。

　テニスの殿堂として有名なウインブルドンは、ロンドンの中心から南西に20kmほどにある賑やかな街だ。ここで馬に乗ったのはウインブルドン・ヴィレッジ・ステーブルという乗馬クラブ。交通量の多いメインストリートにある Dog & Fox というパブの横の細い道を入ると住宅と商店に囲まれて厩舎があった。厩舎だけだ。

英国ウエールズ横断騎馬旅行。数々の町や村を抜けていく。

近くにはウインブルドン・コモンという大きな緑地があり、その隣がリッチモンドパークという広大な公園だ。ウインブルドン・コモンは 4.6㎢、リッチモンドパークは 10㎢と広大だ。彼らはここで馬場レッスンと外乗を行っているのだ。

　厩舎を通り抜けた馬列はメインストリートに入っていく。道は車で一杯だ。

　こんな所を通るの？　ありえないとの思いだったが、馬上から車に手で合図すると、ドライバーは当然のように停止し、ニコニコしながら馬が通りすぎるのを待ってくれる。

　信号も横断歩道もないところで多くの車に待ってもらい、道を横断したりもする。歩道を歩いている人々も馬にまったく関心を向けていない。馬たちも慣れているのか落ち着いたものだ。

　道を馬と車が共有し、馬に優先権があるというのは、英国ではごく当たり前のことのようなのだ。

ボロの問題

　ボロ（馬糞）の問題も驚きだった。道に落ちたボロを誰も気にせず、片づけようともしないのだ。ボロは車に引かれ、雨に打たれ、風に吹かれいつのまにかなくなってしまうというのだ。住宅街では園芸用の肥料にするため家に持ち帰る人もいる。

　日本で、外乗をするときのボロの問題は深刻だ。

　小淵沢でも馬のボロの問題で、年々馬が通れる場所が減ってきている。日本では騎乗者がボロをすぐに片付けるのが鉄則だ。

英国ロンドン郊外、ウインブルドンで。混雑する道路を横断。馬が優先。

（注）

┌─ **ＢＨＳ** ─────────────────────────┐

　ＢＨＳ（Bristish Horse Society 英国馬事協会）は英国を代表する乗馬団体
で９万人以上のメンバーがいる。

　馬事普及、指導者の養成と認定、馬書の出版など多くの業務を行う権
威ある団体として世界的に有名だが、まず第一には馬のウエルフェアを
守るチャリティー団体であり、第２には馬のための交通安全協会である
のだ。

└──────────────────────────────┘

　馬の交通安全に関してのＢＨＳの主な業務としては下記があげられる。

・Bridleway という馬専用道を英国各地に作る仕事。

・毎年 4000 人以上が受験する The Riding and Road Safety test の実施。

・乗馬の安全に関する下記 website の運営。

www.horseaccidents.org.uk

　馬での公道走行について、海外の乗馬先進国を羨ましがっていても、始ま
らない。日本国内でも馬乗りが安心して公道走行を楽しめるように、人と馬、
車の良い関係が築かれることが切に望まれる。

第 12 章

最高の外乗―エンデュランス

　私はかつてエンデュランスライダーだった。外乗歴は 40 年を超えるが、そのうち 20 年以上はエンデュランスライダーとしてのものだ。

　エンデュランスにはオーストラリアで出会った。フリーダム・ライディング・クラブ（FRC）の海外ツアーで馬を借りていたタスマニアの牧場主がエンデュランスライダーで、熱心に勧めてくれたのだ。日本で第一回の全日本大会が開かれる 2 年前、1998 年のことだった。

　オーストラリアの美しい大自然の中で、長時間を馬と共に過ごせる。その魅力にとりつかれた私は、エンデュランスにのめりこんでいった。

エンデュランスとは

　エンデュランスとは、一言でいえば、人が馬に乗って行なう騎馬マラソンだ。

　エンデュランスという言葉は、英語の endurance、すなわち忍耐、耐久力を意味する。耐久系の競技一般をさす言葉なので、人間が悪路を長時間走る競技や、オートバイや車で長距離を走る競技もエンデュランスと呼ばれる。そのため、馬の耐久競技はこれらと区別するために endurance riding あるいは equine endurance と呼ばれる。

　馬は人の歴史を作った動物と言われる。輸送手段、戦争の道具、社交やスポーツのための乗馬など、人馬の付き合いは、その形を問わず人間の歴史と同じくらい古くから行われてきた。

　長距離耐久競技の歴史も、この人と馬の歴史が始まったとき以来のものだ。しかし、人と馬のパートナシップが極限の状態で問われるこの魅力的な競技が、組織されたスポーツとして行われるようになったのは比較的最近のこと

テヴィスカップの難所・クーガーロック（米・カリフォルニア）を登る筆者
（2001 年 8 月）。

長野で開催された、全日本エンデュランス馬術大会 2016 の模様。早朝の第 1 区間。

世界の二大クラシックレース、テヴィスカップとトム・キルティー・ゴールドカップの完走者に贈られる銀のベルトバックル。左がテヴィスカップ、右がトム・キルティー・ゴールドカップ。

なのだ。

　1955 年にアメリカで始まったウエスタンステーツ・トレイルライド（Western States Trail Ride）はテヴィスカップ（Tevis Cup）の通称で知られ、1 日に 100 マイル（160㎞）を 1 頭の馬と一人のライダーが走る現代のスポーツエンデュランスの最初のものとされている。

　1966 年にはオーストラリアでトム・キルティ・ゴールドカップ（Tom Quilty Gold Cup）の 100 マイルレースが始まり、その後、世界各地でエンデュランスは急速に普及していく。最初の世界選手権は 1986 年に開かれた。

　テヴィスカップ以前のエンデュランスは、騎兵の長距離レースであれ、西部の荒くれ男たちの賞金レースであれ、終了後には多くの馬が疲労のために死んでしまうというものだった。

　最初のテヴィスカップもトム・キルティも、馬に対する残虐行為は止めよと主張する動物愛護団体のピケの中で行われた。しかし、これら動物愛護団体の人々は黙って引き上げていかざるをえなかった。レースは獣医師による徹底した馬の健康管理のもとに行われたからだ。

エンデュランスの魅力

　今日、国際馬術連盟（FEI）が公認する馬術競技は 7 種目ある。その中で障害競技に次いで盛んに行われているのがエンデュランスだ。

　なぜエンデュランスはこれほどまでに成長してきたのだろうか。

1．自分自身へのチャレンジ
　世界的にエンデュランスのモットーとされている言葉に「完走することが

勝つこと」というのがある。英語では To Finish is to Win. と言う。

　この言葉が示すように、多くの競技者にとってエンデュランスは「困難な
コースを馬というパートナーと共に制限時間以内に完走する」という個人の
達成感のために行われていると言えるだろう。

２．馬学的知識が身につくスポーツ

　要求されるものが過酷であるだけに、エンデュランス馬の管理、飼育に関
わる人には、獣医学を含めた広範囲な馬学的知識が必要になる。獣医検査で
言われる「Fit to Continue 継続するに足る健康状態」を満たすために勉強す
るライダーは豊富な知識をもつようになる。

３．美しい景色を楽しめる

　テヴィスカップは最も過酷なエンデュランスとされているが、最も美しい
景色を楽しめるエンデュランスともいわれている。開催日は 7 月、8 月のコ
マンチムーンとよばれる満月が 1 年でもっとも明るく輝く日。カリフォル
ニア東部のシエラネバダ山脈山中からスタート、開拓者が通ったトレイルを
西へ、ゴールドラッシュの町オーバン間を 24 時間かけて目指す。

　トム・キルティはオーストラリアに 6 つある州で持ち回りで開催される。
それぞれの州の自慢の景勝地に難関コースが設けられる。

　日本国内の大会でも北海道では道内各地の雄大な景観、山梨小淵沢では
八ヶ岳南麓の美しい景色が楽しめる。

4．万人のためのユニークなスポーツ

　エンデュランスは老若男女を問わずにできるスポーツだ。瞬間的なパワー

や反射神経より、判断力がものをいう競技で経験豊富な人が有利といえる。

　60 歳代、70 歳代のライダーも珍しくなく、親と子、あるいは祖父母と孫が一緒に楽しんでいる例も珍しくない。人里離れた美しい景色の中で、愛する家族や親しい仲間と一緒になって、パートナーである馬と共に、長時間をかけて何かを成し遂げるというユニークなスポーツなのだ。

　このように、エンデュランスが成長してきた理由と思われるその魅力について、いろいろあげることはできる。しかし、一度でも自然の中で馬と一体となる体験をしたことのある人にとって、その究極の姿であるエンデュランスの魅力は、言葉にする必要はないものだ。エンデュランスは「最高の外乗」だ。

国内でエンデュランスに参加するには

　日本では 2000 年に第一回の東日本大会、西日本大会、全日本大会が始まった。20 年程の歴史である。全日本は 23 回の歴史の内、長野での 2 回、山梨小淵沢での 2 回を除き、北海道十勝の鹿追町で行われている。

　現在国内でエンデュランスが行われているのは、北海道内の数か所と山梨小淵沢、伊豆のホースカントリー（アラビアンホースランチ）だ。

距　離
20km、40km、60km、80km、120km、160km
20km は着順を競わないトレーニングライド、40km は日馬連公認の競技と着順を競わないトレーニングライド、60km 以上は競技として行われる。

参加資格

騎乗者資格として全乗振の3級か日馬連のC級が必要。

問合せ（下記でHPを検索）

　日本エンデュランス・ライド協会

　山梨エンデュランス・ライド協会

　北海道エンデュランス協会

　NEF北日本エンデュランス競技連盟

　アラビアンホースランチ

海外でエンデュランスに参加するには

　世界選手権などの大きな大会には日本から海外に馬を輸送することもあるが、現地で馬を借りて出場するのが一般的だ。

　エンデュランスはクルーを含めたチーム競技であるため、単に馬を貸してくれるだけではなくチームの一員として迎えいれてくれ一緒に活動してくれる人を探すことになる。

鞭も拍車も禁止の競技

　スポーツとして様々なルールが定められているが、エンデュランス独特のルールを一つだけご紹介しよう。

「鞭と拍車は禁止」というものだ。

　1日に160kmもの距離を一人のライダーと一頭の馬で走破するのは、コー

スや天候にもよるが、ときに人馬の体力・気力の限界を遥かに超える。

　エンデュランスをご存じない方から、時々聞かれる。

「鞭も拍車も使わずに馬をどうやって 160 ㎞も動かし続けられるのだ？」

　私はこう答える。

「愛情といたわりの気持ちで動かすのです」

あとがき

　この本は、月間乗馬雑誌『馬ライフ』に 2018 年 1 月から 2019 年 12 月まで、隔月で 12 回に亘って連載した「田中雅文の外乗完全マニュアル」に加筆・修正の上、単行本化したものです。

　連載終了後まもなく始まったコロナ禍により、国内外の旅行を伴う野外騎乗は実施困難となりましたが、3 年のブランクを経て今また自由に各地の野山を駆け回れるようになりました。この本が皆様の乗馬ライフをより充実させる一助となれば幸いです。

　1 冊にまとめるにあたり、編集の労をとっていただいた（株）メトロポリタンプレスの堀川隆さん、「馬ライフ」誌のオーナーである（株）ティーケー出版印刷の深澤徹也社長に御礼申し上げます。

田中雅文

著者近影

著者略歴

田中　雅文（たなか まさふみ）

1951 年、東京都生まれ。

「海外乗馬ツアーを通じ、世界の馬文化を研究する」フリーダム・ライディング・クラブ（FRC）代表。世界各地での外乗歴は 50 年に及ぶ。オーストラリアとフランスでエンデュランス、英国で TREC、アメリカで Competitive Trail を学び、これらの日本での普及活動を続けてきた。エンデュランスでは 2005 年ドバイ、2008 年マレーシア世界選手権日本代表チームの監督を務めた。乗馬指導者としては「裸馬騎乗」などユニークな指導を行っている。

著書に、日本語で書かれた唯一のエンデュランス教本『完走することが勝つこと（正・続）』（（社）北海道うまの道ネットワーク協会）がある。「馬ライフ（旧乗馬ライフ）」には 30 年近くにわたり、さまざまなテーマで執筆を続けている。

世界を駆けるフリーダム・ライディング

野外騎乗の楽しみ

2024 年 1 月 28 日　第 1 刷

著　者　田中雅文

発行者　深澤徹也

発行所　株式会社メトロポリタンプレス

　　　　〒 174-0042 東京都板橋区東坂下 2-4-15 TK ビル 1 階

　　　　電話 03-5918-8461　Fax 03-5918-8463

　　　　https://www.metpress.co.jp

印刷・製本　株式会社ティーケー出版印刷

©Masahumi Tanaka 2024, Printed in Japan

ISBN978-4-911209-25-7　C0075